Paramahansa Yogananda
(1893-1952)

PARAMAHANSA YOGANANDA

# LAGEN OM FRAMGÅNG

—

Hur man brukar Andens kraft för
att skapa hälsa, välstånd och lycka

Self-Realization Fellowship
FOUNDED 1920
Paramahansa Yogananda

OM BOKEN: *Lagen om framgång* gavs först ut som en broschyr av Self-Realization Fellowship 1944 och har givits ut oavbrutet sedan dess. Den har översatts till tio språk: franska, grekiska, italienska, japanska, norska, portugisiska, ryska, spanska, svenska och tyska.

Det engelska originalets titel, vilken publiceras av
Self-Realization Fellowship, Los Angeles (California):

### THE LAW OF SUCCESS

ISBN-13: 978-0-87612-150-4
ISBN-10: 0-87612-150-4

Översatt till svenska av Self-Realization Fellowship
Copyright © 2014 Self-Realization Fellowship

Godkänd av International Publications Council of
Self-Realization Fellowship
3880 San Rafael Avenue
Los Angeles, California 90065-3219, U.S.A.

Self-Realization Fellowship namn och emblem (som visas ovan) finns på alla SRF:s böcker, inspelningar och andra publikationer, vilket garanterar läsaren att verket har sitt ursprung i den organisation Paramahansa Yogananda skapade och troget följer hans undervisning.

*Första upplagan på svenska utgiven av Self-Realization Fellowship, 2014*
*First edition in Swedish from Self-Realization Fellowship, 2014*

ISBN-13: 978-0-87612-407-9
ISBN-10: 0-87612-407-4

1467-J2216

*Den som söker Gud är mest vis. Den som funnit Gud är mest framgångsrik.*

- *Paramahansa Yogananda*

# DET FÖRNÄMLIGT NYA

Sjung sånger som ingen sjungit,

Tänk tankar som aldrig någon tänkt,

Vandra stigar som ingen beträtt,

Fäll tårar för Gud som ingen annan gjort,

Giv frid till alla som aldrig fått förnimma den,

Omfamna den som andra uteslutit.

Omfatta alla med kärlek som ingen känt,

och möt tappert livets kamp med obehindrad
styrka.

# MIN GUDOMLIGA FÖDSLORÄTT

———

Gud skapade mig till Sin avbild. Det är Honom jag ska söka först och vara förvissad om verklig kontakt med Honom; sedan, om Han så vill, må allt annat – vishet, välstånd, hälsa – tillkomma mig som delar av min gudomliga födslorätt.

Jag vill ha obegränsad framgång, inte från jordiska källor utan från Guds händer som äger allt, har all makt och allt välstånd.

# LAGEN OM FRAMGÅNG

——

Finns det någon makt som kan avslöja gömda ådror av rikedom och uppenbara skatter som vi aldrig drömt om? Finns det någon kraft som vi kan åberopa för att skänka oss hälsa, lycka och andlig upplysning? Indiens heliga och visa lär oss att det finns en sådan kraft. De har visat sanningsprincipernas verkan, vilka kommer att fungera även för dig, om du ger dem en verklig chans.

Dina framgångar i livet beror inte enbart på förmåga och utbildning; de beror också på din beslutsamhet att gripa de tillfällen som erbjuds dig. Möjligheterna i livet skapas, de kommer inte av en slump. Det är du själv som, antingen nu eller i det förflutna (inbegripet tidigare liv), har skapat alla de möjligheter som dyker upp på din väg. Eftersom du förtjänat dem bör du dra full fördel av dem.

Om du utnyttjar alla tillgängliga, yttre medel såväl som naturliga förmågor för att besegra varje hinder på din väg kommer du att på så sätt utveckla de styrkor som Gud gav dig – obegränsade styrkor som springer fram ur de innersta krafterna i ditt väsen. Du besitter tankekraft och viljestyrka. Nyttja dessa gudomliga gåvor till det yttersta!

*Paramahansa Yogananda*

# TANKENS KRAFT

— ——

Du uppvisar framgång eller misslyckande i enlighet med dina invanda tankebanor. Vilka är starkare i dig; tankar på framgång eller misslyckande? Om ditt sinne för det mesta är i ett negativt tillstånd räcker inte en tillfällig positiv tanke för att attrahera framgång. Men om du tänker på rätt sätt, finner du ditt mål även om det verkar som om du är omsluten av mörker.

Du är ensam ansvarig för dig själv. Ingen annan kan svara för dina gärningar när den slutliga räkningen kommer. Ditt arbete i världen – i den sfär där din karma, dina tidigare handlingar har placerat dig – kan utföras enbart av en enda person: dig själv. Ditt arbete kan beskrivas som "framgångsrikt" endast om det på något sätt tjänar din medmänniska.

Återkom inte hela tiden i tanken till något

5

problem. Låt det vila då och då så kanske det löser sig av sig självt; men se till att inte *du* vilar så pass länge att ditt omdöme går förlorat. Utnyttja hellre dessa viloperioder till att gå djupt in i det lugna området i ditt inre Själv. När du är i samklang med din själ kan du tänka rätt om allt som du företar dig; och ifall dina tankar eller handlingar gått fel kan de ledas rätt igen. Denna förmåga till gudomlig samstämmighet kan uppnås genom övning och ansträngning.

# VILJAN UTGÖR DYNAMON

Tillsammans med positivt tänkande måste du använda viljekraft och sträva oavbrutet för att nå framgång. Varje yttre uttryck är ett resultat av viljan, men denna kraft används inte alltid medvetet. Det finns såväl mekanisk som medveten vilja. Dynamon bakom alla dina krafter är viljan eller viljekraften. Utan viljan kan du inte gå, tala, arbeta, tänka eller känna. Följaktligen är viljan drivkraften i alla dina handlingar. (För att undvika att använda denna energi skulle du behöva vara totalt passiv såväl fysiskt som mentalt. Även när du rör din hand använder du viljekraft. Det är omöjligt att leva utan att nyttja denna kraft).

Mekanisk vilja är ett omedvetet utnyttjande av viljekraften. Medveten vilja är en viktig förmåga som samspelar med beslutsamhet och ansträngning, en dynamo som måste riktas klokt. I takt med att du övar dig att använda den medvetna och inte den mekaniska viljan måste du också försäkra dig om att din viljekraft används konstruktivt, varken för skadliga ändamål eller för att skaffa meningslösa ägodelar.

För att skapa dynamisk viljekraft, bestäm dig för att göra några av de saker i livet som du inte trodde dig om att kunna göra. Pröva enkla saker först. I takt med att ditt självförtroende stärks och din vilja blir mer dynamisk kan du ta sikte på svårare bedrifter. Förvissa dig om att du gjort ett bra urval och vägra därefter att ge efter för misslyckande. Ägna hela din viljekraft åt att bemästra en sak i taget, sprid inte ut dina energier eller lämna något halvfärdigt för att påbörja en ny verksamhet.

## DU KAN STYRA ÖDET

Det är sinnet som skapar allt. Därför ska du leda det så att det enbart skapar gott. Om du med dynamisk viljekraft håller fast vid en bestämd tanke kommer den att slutligen anta en påtaglig, yttre form. När du förmår att alltid använda din vilja till uppbyggande ändamål blir du *den som styr ditt öde.*

Jag har just nämnt tre viktiga metoder för att göra din vilja dynamisk: 1) välj en enkel uppgift eller bedrift som du aldrig lyckats med och besluta dig för att lyckas med den; 2) övertyga dig om att du valt något konstruktivt och genomförbart och vägra därefter att tänka på misslyckande; 3) koncentrera dig på ett enda mål och använd all förmåga samt alla tillfällen till att uppnå det.

Men du måste inom ditt lugna, inre Själv alltid vara förvissad om att vad du vill ha är det rätta för dig och i överensstämmelse med Guds avsikter. Sedan kan du använda all din viljestyrka för att uppnå ditt mål samtidigt som du koncentrerar din tanke på Gud – Källan till all kraft och alla verk.

# LIVSENERGIN UTARMAS AV RÄDSLA

Människohjärnan utgör ett förråd för livsenergi. Denna energi används ständigt för muskelrörelser; för hjärtats, lungornas och mellangärdets funktioner; i cellmetabolismen och blodets kemiska processer. Dessutom används den i att utföra de kommunicerande sensomotoriska systemens (nervernas) arbete. Det krävs också en enorm mängd livsenergi för alla tanke-, känslo- och viljeprocesser.

Livsenergin försvagas av rädsla, vilken utgör en av den dynamiska viljekraftens största fiender. Rädsla leder till att den livskraft som normalt flyter stadigt genom nerverna pressas ut, därigenom blir nerverna själva som förlamade; hela kroppens vitalitet sjunker. Rädsla hjälper dig inte att undvika föremålet för fruktan utan försvagar endast din viljekraft. Rädsla får hjärnan att skicka ett hämmande budskap till alla kroppsorgan. Den får hjärtat att dra sig samman, försämrar matsmältningen och förorsakar en mängd andra fysiska störningar. När medvetandet hålls kvar på Gud fruktar du inget; genom mod och tro kommer då varje hinder att besegras.

En "önskan" är ett *begär utan energi*. En önskan kan följas av en "avsikt" – en plan att göra något, att uppfylla en önskan eller ett begär. Men "att vilja" betyder: "Jag ska *handla* tills min önskan uppfylls". När du utövar din viljekraft frigör du styrkan i livsenergin – inte när du bara passivt önskar att uppnå något mål.

# MISSLYCKANDEN BÖR VÄCKA DIN BESLUTSAMHET

Även misslyckanden bör stimulera din viljekraft, samt din materiella och andliga tillväxt. När du har misslyckats med något projekt är det till hjälp att analysera varje omständighet i situationen så att du undviker att upprepa samma misstag i framtiden.

*Framgångens frön sås bäst under misslyckandets årstid.* Omständigheternas klubbslag kanske ger dig blåmärken men håll huvudet högt. Försök alltid *en gång till,* oavsett hur många gånger du misslyckats. Kämpa när du tror att du inte kan kämpa längre eller när du tror att du redan gjort ditt bästa, eller tills dina ansträngningar krönts med framgång. En liten historia får klargöra denna punkt.

A och B slogs. Efter en lång tid sa A till sig själv: "Jag kan inte fortsätta längre". B däremot tänkte: "Bara ett slag till"; han utdelade slaget och A segnade ner. Så måste du agera; utdela ett sista slag. Använd den oövervinnerliga viljekraften för att besegra alla livets svårigheter.

Efter ett misslyckande leder förnyade ansträngningar till sann utveckling. Men de måste planeras väl samt laddas med en allt mer intensiv uppmärksamhet och med dynamisk viljekraft.

Anta att du *har* misslyckats tills nu. Det skulle vara dumt att ge upp kampen och att godta misslyckandet som ett påbud av "ödet". Det är bättre att dö i kamp än att ge upp dina ansträngningar så länge som det fortfarande finns en möjlighet att uppnå något mer; för till och med i dödens stund måste din kamp snart återupptas i ett annat liv. Framgång eller misslyckande är ett exakt resultat av vad du har gjort i det förflutna *plus* det du gör nu. Därför ska du sporra alla framgångstankar från tidigare liv tills de återupplivas och förmår upphäva inflytandet från alla tendenser till misslyckande i det nuvarande livet.

En framgångsrik person kanske har haft allvarligare problem att brottas med än den som misslyckats, men den förre har övat sig att i alla lägen avvisa alla tankar på misslyckande. Du måste styra din uppmärksamhet från misslyckande till framgång, från bekymmer till lugn, från dagdrömmande till koncentration, från oro till frid och från frid till den inre gudomliga lycksaligheten. När du uppnår detta tillstånd av självförverkligande har målet med ditt liv uppfyllts på ett strålande sätt.

# BEHOVET AV SJÄLVANALYS

———

En annan hemlighet bakom utveckling är själv-analys. Introspektion utgör en spegel vari du kan se skrymslen i ditt sinne vilka annars skulle vara gömda för dig. Ställ diagnos på dina misslyckanden och dela upp dina goda och dåliga tendenser. Analysera vad du är, vad du vill bli och vilka tillkortakommanden som hindrar dig. Avgör vad som kännetecknar din sanna uppgift – ditt kall i livet. Eftersträva att forma dig till det du borde vara och det du vill vara. När du har sinnet inriktat på Gud och samstämmer dig med Hans vilja kommer du att utvecklas allt säkrare på din väg.

Ditt slutliga mål är att finna din väg tillbaka till Gud men du har också en uppgift att uträtta i den yttre världen. Viljekraft kombinerad med

initiativförmåga kommer att hjälpa dig att iden-
tifiera och uppfylla den uppgiften.

# INITIATIVETS
# SKAPANDE KRAFT

───

Vad är initiativ? Det är en skapande förmåga i
dig, en gnista från den Oändliga Skaparen. Den
kan ge dig kraften att skapa något som ingen an-
nan någonsin har skapat. Den manar dig att göra
saker på nya sätt. Det en person med initiativför-
måga skapar kan vara lika spektakulärt som ett
stjärnfall. Hon visar att det skenbart omöjliga kan
bli möjligt genom att skapa något från intet med
hjälp av Andens stora uppfinningskraft.

Initiativ gör det möjligt för dig att stå på egna
ben, fri och oberoende. Det är ett av framgångens
kännetecken.

# SE GUDS AVBILD I ALLA MÄNNISKOR

———

Många förbiser sina egna fel men dömer andra personer hårt. Vi bör inta den motsatta attityden genom att ha överseende med andras brister och kritiskt granska våra egna.

Ibland är det nödvändigt att analysera andra; i så fall är det viktiga att hålla sinnet fördomsfritt. Ett objektivt sinne är som en klar spegel som hålls stadigt och inte vibrerar av förhastade omdömen. Vem som än reflekteras i den spegeln kommer att uppenbaras som en oförvrängd bild.

Lär dig att se Gud i alla människor vilken ras eller trosinriktning de än tillhör. Du kommer att veta vad den gudomliga kärleken är först när du börjar känna din enhet med alla människor. I ömsesidigt tjänande glömmer vi det lilla jaget och får en glimt av det omätliga Självet, Anden som förenar alla människor.

# VANEMÄSSIGA TANKAR KONTROLLERAR ENS LIV

Framgången kan påskyndas eller fördröjas av ens vanor.

Det är inte så mycket dina övergående ingivelser eller lysande idéer utan dina vardagliga tankebanor som styr ditt liv. Vanemässiga tankar är mentala magneter som får dig att locka till dig vissa saker, människor och situationer. Goda tankevanor gör det möjligt för dig att attrahera fördelar och möjligheter. Dåliga tankevanor drar dig till materialistiskt sinnade människor och ogynnsamma miljöer.

Försvaga en dålig vana genom att undvika allt

som förorsakade eller stimulerade den, *utan att koncentrera dig på den i din iver att undvika den.* Styr sedan ditt sinne till någon god vana och ge den daglig näring tills den blir en pålitlig del av dig själv.

Det finns alltid två motstridiga krafter inom oss. En kraft säger åt oss att göra sådant som vi inte borde göra, medan den andra uppmanar oss att göra de saker som vi borde göra, det som verkar svårt. Den ena är ondskans röst och den andra är det godas, eller Guds röst.

Genom svåra, dagliga läxor kommer du så småningom tydligt se att dåliga vanor ger näring till de ändlösa, materiella begärens träd, medan goda vanor ger näring åt den andliga längtans träd. Du ska allt mer koncentrera dina ansträngningar på att framgångsrikt få det andliga trädet att mogna, så att du en dag ska kunna skörda Självförverkligandets färdiga frukt.

Om du förmår att befria dig från alla slags

dåliga vanor, och om du kan göra gott för att du vill göra gott och inte enbart för att det onda leder till sorg, då går du verkligen framåt andligen.

Du är i sanning en fri människa först när du gjort dig av med dina dåliga vanor. Inte förrän du är en sann mästare som kan befalla dig själv att göra det som du bör göra men kanske inte vill, är du en fri själ. *Fröet till evig frihet ligger i denna självbehärskningens makt.*

Jag har nu nämnt flera viktiga egenskaper som utmärker framgång – positiva tankar, dynamisk vilja, självanalys, initiativ och självbehärskning. Många populära böcker framhäver en eller fler av dessa men misslyckas med att framhålla den Gudomliga Kraften bakom dem. *Att vara intonad på den Gudomliga Viljan är den viktigaste faktorn för att dra till sig framgång.*

Gudomlig Vilja är den kraft som sätter kosmos och allt däri i rörelse. Det var Guds vilja som slungade ut stjärnorna i rymden. Det är Hans vilja som håller kvar planeterna i sina banor och som styr födelsens, tillväxtens och nedbrytningens cykler i alla livsformer.

# GUDOMLIG VILJEKRAFT

Gudomlig Vilja har inga gränser; den verkar genom kända och okända lagar, både naturliga och sådana som är till synes mirakulösa. Den kan ändra ödets gång, uppväcka de döda, kasta berg i havet och skapa nya solsystem.

Människan, som Guds avbild, äger inom sig denna allsmäktiga viljekraft. Att genom rätt meditation[1] upptäcka hur man kan verka i har-

---

[1] Meditation är den speciella form av koncentration genom vilken uppmärksamheten med vetenskapliga yogatekniker befriats från kroppsmedvetandets rastlöshet och fokuserats enbart på Gud. *Self-Realization Fellowships lektioner* erbjuder detaljerade instruktioner för denna meditationslära. (*Utg. anm.*)

moni med den Gudomliga Viljan är människans högsta förpliktelse.

Vägledd av villfarelser kommer den mänskliga viljan att leda oss fel, men när den leds av vishet är den mänskliga viljan i samklang med den Gudomliga Viljan. Det mänskliga livets konflikter skymmer ofta Guds plan och därigenom förlorar vi den inre vägledning som skulle ha räddat oss från förtvivlans avgrund.

Jesus sade: "Ske Din vilja". När människan bringar sin vilja i samklang med Guds vilja, som leds av visdom, då använder hon den Gudomliga Viljan. Genom att använda de rätta meditationsteknikerna som utvecklades av Indiens visa i forntiden, kan alla människor uppnå perfekt harmoni med den Himmelska Faderns vilja.

# FRÅN ÖVERFLÖDETS OCEAN

Precis som all makt ligger i Hans vilja, så strömmar alla andliga och materiella gåvor från Hans gränslösa överflöd. För att ta emot Hans gåvor måste du utplåna alla tankar om begränsning och fattigdom från ditt sinne. Det Universella Sinnet är fullkomligt och känner inte någon brist; för att nå det förråd som aldrig sinar måste du hålla fast medvetandet om överflöd. Även om du inte vet varifrån nästa krona ska komma, ska du vägra att oroa dig. När du gör din del och litar på att Gud gör Sin, kommer du att upptäcka att mystiska krafter kommer till din hjälp och att dina konstruktiva önskemål snart förverkligas. Denna tillförsikt och medvetenhet om överflöd uppnås genom meditation.

Eftersom Gud är källan till all andlig kraft,

frid och välstånd *ska du först inte vilja eller handla, utan kontakta Gud först.* På så sätt kan du ta din vilja och dina handlingar i anspråk för att uppnå de högsta målen. Liksom du inte kan sända tal genom en trasig mikrofon kan du inte heller sända böner genom en själslig mikrofon som råkat i olag genom rastlöshet. Genom djup stillhet ska du laga din själsliga mikrofon och öka din intuitions mottaglighet. Då kan du tala effektivt med Honom och få Hans svar.

# MEDITATIONENS VÄG

Efter det att du lagat din själsliga radio och kommit i stilla samklang med konstruktiva vibrationer, hur kan du använda den för att nå Gud? Rätt meditationsmetod är sättet.

Med koncentrationens och meditationens

kraft kan du styra din outtömliga sinneskraft att åstadkomma vad du önskar och att vakta varje dörr mot misslyckande. Alla framgångsrika män och kvinnor ägnar mycket tid till djup koncentration. De förmår dyka djupt ner i sina sinnen för att finna de pärlor i form av rätta lösningar till de problem de möter. Om du lär dig hur du ska dra tillbaka din uppmärksamhet från alla distraherande ting, och att koncentrera den på en sak i taget, kommer du också att veta hur du viljemässigt attraherar vadhelst du behöver.

Innan du företar dig viktiga saker, sitt stilla, lugna känslorna och tankarna samt meditera djupt. Då kommer du att vägledas av Andens stora, skapande kraft. Därefter bör du nyttja alla nödvändiga materiella medel för att nå ditt mål.

Det som du behöver i livet är det som kommer att hjälpa dig att uppnå ditt högsta syfte. Det som du kanske *vill ha* men inte *behöver* kan avleda dig från det målet. Bara genom att få allt att tjäna ditt huvudsyfte kan framgången uppnås.

# FRAMGÅNG MÄTS I LYCKA

———

Fundera på om uppfyllandet av det mål du valt kommer att medföra framgång. Vad *är* framgång? Om du är frisk och rik men har problem med alla (inbegripet dig själv), då är ditt liv inte framgångsrikt. Tillvaron blir meningslös om du inte kan finna lyckan. *När välståndet försvunnit har du förlorat lite; när hälsan försvunnit har du förlorat något mer betydelsefullt; men när sinnesfriden försvunnit har du förlorat den dyrbaraste skatten.*

Därför ska framgång mätas med lyckans måttstock, med din förmåga att förbli i fridfull harmoni med de kosmiska lagarna. Det är inte rätt att mäta framgång med de världsliga måtten på välstånd, prestige och makt. Ingen av dessa skänker lycka om de inte används rätt. För att använda dem rätt måste man besitta visdom och kärlek till Gud och människan.

Gud varken belönar eller straffar dig. Han har gett dig makten att belöna eller straffa dig själv genom att bruka eller missbruka ditt eget förnuft och din viljekraft. Om du överträder hälsans, rikedomens och visdomens lagar, kommer du oundvikligen att lida av sjukdom, fattigdom och okunnighet. Emellertid bör du stärka ditt sinne och vägra bära bördan av själsliga och moraliska svagheter du förvärvat under årens lopp; låt dem idag förtäras i elden av dina gudomliga beslut och rätta handlingar. Genom denna konstruktiva attityd kommer du att uppnå frihet.

Lycka beror i viss utsträckning på yttre

omständigheter men i huvudsak på mentala attityder. För att vara lycklig bör man ha god hälsa, ett välbalanserat sinnelag, ett liv i välmåga, det rätta arbetet, ett tacksamt hjärta och framför allt, visdom eller kunskap om Gud.

En fast beslutsamhet att vara lycklig kommer att vara dig till hjälp. Vänta inte på att omständigheterna kring dig ska förändras genom att felaktigt tänka att det är i dem som problemet ligger. Gör inte din brist på lycka till en kronisk vana som plågar dig själv och din omgivning. Om du är lycklig är det till välsignelse för dig själv och andra. Äger du lycka äger du allt; att vara lycklig är att vara intonad på Gud. Förmågan att vara lycklig kommer genom meditation.

# LÅT DINA ANSTRÄNGNINGAR GENOMSYRAS AV GUDS KRAFT

———

Frigör den kraft du redan besitter för konstruktiva ändamål och du kommer att få mer kraft. Gå framåt på din väg med en orubblig beslutsamhet och använd alla de egenskaper som är utmärkande för framgång. Bringa dig i samklang med Andens kreativa skaparkraft. Då kommer du i kontakt med den Oändliga Intelligensen som kan leda dig och lösa alla problem. Kraft från ditt väsens dynamiska Källa kommer att strömma oavbrutet och du kommer att kunna agera kreativt i vilket verksamhetsfält som helst.

Innan du fattar beslut i någon viktig fråga bör du sitta i tysthet och be Fadern om Hans välsignelse. Då kommer Guds kraft att finnas bakom din kraft; Hans sinne bakom ditt sinne, Hans vilja bakom din vilja. När Gud verkar genom dig kan du inte misslyckas; varje förmåga du har kommer att öka i styrka. När du utför ditt arbete med tanken att du tjänar Gud får du Hans välsignelse.

Be inte om ursäkt om din arbetsuppgift i livet är anspråkslös. Var stolt eftersom du fullgör den uppgift som din Fader givit dig. Han behöver dig på en bestämd plats; alla människor kan inte spela samma roll. Så länge du arbetar för att behaga Gud kommer alla krafter i kosmos att harmoniskt bistå dig.

När du övertygar Gud om att du önskar Honom över allt annat, då kommer du att vara i samklang med Hans vilja. Du tillämpar den mänskliga viljan i dess mest konstruktiva form när du ständigt söker Honom oavsett vilka svårigheter som än uppstår för att avleda dig från Honom. Således kommer du att bruka lagen om framgång, vilken var känd för de forntida visa och som förståtts av alla människor som uppnått verklig framgång. Den gudomliga kraften är din om du beslutsamt anstränger dig för att uppnå hälsa, lycka och frid. När du omfattar dessa mål kommer du att färdas på Självförverkligandets väg till ditt sanna hem i Gud.

# AFFIRMATION

Himmelske Fader, jag ska använda förnuftet, jag ska vilja, jag ska handla; men led Du mitt förnuft, min vilja och handling till det rätta som jag bör göra.

# OM FÖRFATTAREN

Paramahansa Yogananda (1893–1952) betraktas allmänt som en av de framträdande, andliga gestalterna i vår tid. Född i norra Indien kom han till Förenta Staterna 1920. Under de följande tre årtiondena bidrog han på betydande sätt till ett vidgat medvetande och ökad uppskattning i Väst för Österns eviga visdom genom sitt författarskap, omfattande föredragsturnéer och skapandet av en rad Self-Realization Fellowship[2]-tempel och meditationscentra. Hans berömda livshistoria, *En Yogis Självbiografi*, liksom hans många andra böcker och hans heltäckande lektionsserier för självstudier har introducerat miljontals människor till Indiens urgamla meditationsvetenskap och metoder för att uppnå ett balanserat välbefinnande för kropp, sinne och själ. Under ledning av en av hans närmaste lärjungar, Sri Mrinalini Mata, bärs hans andliga och humanitära verksamhet vidare idag av Self-Realization Fellowship, den internationella organisation han grundade 1920 med syfte att sprida hans läror över världen.

2 Bokstavligen "Samfundet för självförverkligande". Paramahansa Yogananda har förklarat att namnet Samfundet för självförverkligande står för "Gemenskap med Gud genom självförverkligande, och vänskap med alla själar som söker sanningen."

# ANDRA BÖCKER AV PARAMHANSA YOGANANDA

Kan rekvireras från bokhandlare eller
direkt från utgivaren:
Self-Realization Fellowship
3880 San Rafael Avenue, Los Angeles, California 90065-3219, U.S.A.
Tel. (323) 225-2471, Fax: (323) 225-5088
www.yogananda-srf.org

## BÖCKER PÅ SVENSKA AV PARAMAHANSA YOGANANDA

**En Yogis Självbiografi**

**Lagen om framgång**

**Hur du kan samtala med Gud**

**Metafysiska meditationer**

## BÖCKER PÅ ENGELSKA AV PARAMAHANSA YOGANANDA

*Tillgängliga i bokhandeln eller direkt från förlaget:*
Self-Realization Fellowship
3880 San Rafael Avenue • Los Angeles, California 90065-3219
Tel (323) 225-2471 • Fax (323) 225-5088

**Autobiography of a Yogi**

**The Second Coming of Christ:**

**The Resurrection of the Christ Within You**
*En klargörande kommentar till Jesu ursprungliga läror.*

**God Talks with Arjuna; *The Bhagavad Gita***
*En ny kommenterad översättning.*

**Man's Eternal Quest**
*Volym I av Paramahansa Yoganandas föreläsningar och
informella samtal.*

**The Divine Romance**
*Volym II av Paramahansa Yoganandas föreläsningar
och informella samtal.*

**Journey to Self-Realization**
*Volym III av Paramahansa Yoganandas föreläsningar
och informella samtal.*

**Wine of the Mystic:**

***The Rubaiyat of Omar Khayyam — A Spiritual
Interpretation***
*En inspirerande förklaring som kastar ljus över den
mystiska Gudskontakten som ligger under Rubaiyats
gåtfulla bildspråk.*

**Where There Is Light:**
***Insight and Inspiration for Meeting Life's Challenges***

**Whispers from Eternity**
*En samling av Paramahansa Yoganandas böner och gudomliga upplevelser mottagna i upphöjda meditativa tillstånd.*

**The Science of Religion**

**The Yoga of the Bhagavad Gita:**
*An Introduction to India's Universal Science of God-Realization*

**The Yoga of Jesus:**
*Understanding the Hidden Teachings of the Gospels*

**In the Sanctuary of the Soul:**
*A Guide to Effective Prayer*

**Inner Peace:**
*How to Be Calmly Active and Actively Calm*

**To Be Victorious in Life**

**Living Fearlessly:**
*Bringing Out Your Inner Soul Strength*

**How You Can Talk With God**

**Metaphysical Meditations**
*Mer än 300 andliga, upplyftande meditationer, böner och affirmationer.*

**Scientific Healing Affirmations**
*Paramahansa Yogananda presenterar här en djup förklaring till affirmationernas vetenskap.*

### Sayings of Paramahansa Yogananda

*En samling uttalanden och visa råd som bibringar Paramahansa Yoganandas rättframma och kärleksfulla svar till dem som kom till honom för vägledning.*

### Songs of the Soul

*Mystisk poesi av Paramahansa Yogananda.*

### The Law of Success

*Förklarar de dynamiska principerna för att uppnå ens mål i livet.*

### Cosmic Chants

*Ord (på engelska) och musik till 60 hängivna sånger, med en introduktion som förklarar hur andlig sång kan leda till gudskontakt.*

# LJUDINSPELNINGAR MED PARAMAHANSA YOGANANDA

Beholding the One in All

Awake in the Cosmic Dream

Songs of My Heart

Be a Smile Millionaire

The Great Light of God

To Make Heaven on Earth

One Life Versus Reincarnation

Removing All Sorrow and Suffering

In the Glory of the Spirit

Follow the Path of Christ, Krishna, and the Masters

Self-Realization: The Inner and the Outer Path

# ANDRA PUBLIKATIONER FRÅN SELF-REALIZATION FELLOWSHIP

En komplett katalog, som beskriver alla Self-Realization Fellowship publikationer och audio/video-inspelningar kan erhållas på begäran.

**The Holy Science,** *Swami Sri Yukteswar*

**Only Love:** *Living the Spiritual Life in a Changing World av Sri Daya Mata*

**Finding the Joy Within You:** *Personal Counsel for God-Centered Living av Sri Daya Mata*

**Enter the Quiet Heart:** *Creating a Loving Relationship with God av Sri Daya Mata*

**God Alone:** *The Life and Letters of a Saint av Sri Gyanamata*

**"Mejda":** *The Family and the Early Life of Paramahansa Yogananda av Sananda Lal Ghosh*

**Sel-Realization** *(en kvartalstidskrift grundad 1925 av Paramahansa Yogananda)*

# SELF-REALIZATION
## FELLOWSHIPS LEKTIONER

De vetenskapliga meditationstekniker som lärdes ut av Paramahansa Yogananda, inbegripet *Kriya Yoga* – samt hans ledning på alla aspekter av ett balanserat, andligt liv – presenteras i *Self-Realization Fellowships lektioner.* För ytterligare upplysningar, rekvirera den kostnadsfria broschyren *"Undreamed-of Possibilities"* som finns tillgänglig på följande språk: engelska, spanska och tyska.

# SELF-REALIZATION FELLOWSHIPS MÅL OCH IDEAL

*Som de formulerats av Paramahansa Yogananda, grundare*

*Sri Mrinalini Mata, ordförande*

Att sprida kunskap i alla länder om exakta, vetenskapliga tekniker för att uppnå en direkt, personlig upplevelse av Gud.

Att lära ut att livets mening är utveckling, genom egen ansträngning, av människans begränsade, dödliga medvetande till Gudsmedvetande och att för detta ändamål etablera tempel inom Self-Realization Fellowship för Gudsgemenskap i hela världen och uppmuntra till etablerandet av enskilda Gudstempel i hemmen och i människors hjärtan.

Att visa den fullkomliga harmonin och grundläggande enheten mellan den ursprungliga kristendomen, såsom den lärdes ut av Jesus Kristus, och den ursprungliga yogan som den lärdes ut av Bhagavan Krishna, samt visa att dessa sanningens principer utgör alla sanna religioners gemensamma, vetenskapliga grundval.

Att peka på det gudomliga huvudstråk som alla sanna religiösa övertygelser förr eller senare, leder till: Huvudstråket i form av daglig, vetenskaplig, hängiven meditation på Gud.

Att befria människan från hennes trefaldiga lidande: Kroppslig sjukdom, mental disharmoni och andlig omedvetenhet.

Att uppmuntra till "enkelt leverne och högt tänkande" och att sprida en anda av broderskap mellan alla folk genom att lära ut den eviga grunden för deras enhet: Likhet med Gud.

Att visa på sinnets överhöghet över kroppen, andens överhöghet över sinnet.

Att övervinna ondska med godhet, sorg med glädje, grymhet med vänlighet, okunskap med vishet.

Att förena vetenskap och religion genom förverkligande av enheten i deras underliggande principer.

Att förespråka kulturell och andlig förståelse mellan Öst och Väst, och ett utbyte av deras finaste, utmärkande egenskaper.

Att tjäna mänskligheten som ens större Jag.

www.ingramcontent.com/pod-product-compliance
Lightning Source LLC
Chambersburg PA
CBHW021117020426
42331CB00004B/522